This Planner Belongs To

. . . .

Planner Content

Important Dates

Wedding Date : _____

Dress Shopping : _____

Save the Date Mailing By : _____

Coordinate Gift Registry : _____

Meeting with Caterer : _____

Invitations Mailed By : _____

Bridal Shower : _____

Final Dress Alterations : _____

Finalize Guest List : _____

Bachlorette Party : _____

Wedding Day Hair/Nails : _____

_____

_____

_____

_____

_____

Wedding Checklist

12 Months Out:
- [ ] Determine Budget
- [ ] Organize Guest List
- [ ] Decide Overall Theme
- [ ] Select the Caterer
- [ ] Book the Venue

11 Months Out:
- [ ] Choose Color Theme
- [ ] Hire Photo/Videographer

10 Months Out:
- [ ] Shop for Wedding Dress
- [ ] Start Looking at Invitations
- [ ] Send Save the Dates

8 Months Out:
- [ ] Select the Bridesmaids' Dresses
- [ ] Hire a Wedding Planner

6 Months Out:
- [ ] Book Rehearsal-Dinner Venue

4 Months Out:
- [ ] Book the Honeymoon
- [ ] Buy or Rent the Groom's Tuxedo

Wedding Checklist

3 Months Out:

- [ ] Choose Wedding Cake
- [ ] Hair & Make-up Trial
- [ ] Order Wedding Invitation
- [ ] Plan Wedding Menu
- [ ] Organize Wedding Favors
- [ ] Write your Vows
- [ ] Meet with the Officiant

2 Months Out:

- [ ] Mail Wedding Invitations
- [ ] First Dress Fitting
- [ ] Buy Wedding-Party Gifts
- [ ] Organize Marriage License
- [ ] Organize Transport

1 Month Out:

- [ ] Confirm Details with Vendors
- [ ] Pay your Vendors
- [ ] Create a Seating Chart
- [ ] Finalize Ceremony Details

Wedding Checklist

1 Week Out:

- ☐ Refresh Hair Color
- ☐ Final Dress Fitting
- ☐ Manicure / Pedicure
- ☐ Finalize Seating Chart
- ☐ Chase up RSVP
- ☐ Practice your Vows
- ☐ Pack Bags for Honeymoon
- ☐ Get a Massage

1 Day Prior:

- ☐ Lay all the Items Needed
- ☐ Put Boxes & Bags in the Car
- ☐ Drink alot of Water
- ☐ Get a Good Night's Sleep
- ☐ Thank Everyone that Helped

To Do List

To Do List

To Do List

To Do List

To Do List

☐ _____
☐ _____
☐ _____
☐ _____
☐ _____
☐ _____
☐ _____
☐ _____
☐ _____
☐ _____
☐ _____
☐ _____
☐ _____
☐ _____
☐ _____
☐ _____
☐ _____

☐ _____
☐ _____
☐ _____
☐ _____
☐ _____
☐ _____
☐ _____
☐ _____
☐ _____
☐ _____
☐ _____
☐ _____
☐ _____
☐ _____
☐ _____
☐ _____
☐ _____

To Do List

To Do List

To Do List

To Do List

To Do List

To Do List

To Do List

Monthly Planner

Month of: _____

SUN	MON	TUES	WED	THU	FRI	SAT

Monthly Planner

Month of: _____

SUN	MON	TUES	WED	THU	FRI	SAT

Monthly Planner

Month of: _____

SUN	MON	TUES	WED	THU	FRI	SAT

Monthly Planner

Month of: _____

SUN	MON	TUES	WED	THU	FRI	SAT

Monthly Planner

Month of: _____

SUN	MON	TUES	WED	THU	FRI	SAT

Monthly Planner

Month of: _____

SUN	MON	TUES	WED	THU	FRI	SAT

Monthly Planner

Month of: _____

SUN	MON	TUES	WED	THU	FRI	SAT

Monthly Planner

Month of: _____

SUN	MON	TUES	WED	THU	FRI	SAT

Monthly Planner

Month of: _____

SUN	MON	TUES	WED	THU	FRI	SAT

Monthly Planner

Month of: _____

SUN	MON	TUES	WED	THU	FRI	SAT

Monthly Planner

Month of: _____

SUN	MON	TUES	WED	THU	FRI	SAT

Monthly Planner

Month of: _____

SUN	MON	TUES	WED	THU	FRI	SAT

Bridal Party Contact List

Name: _____   Name: _____
Cell: _____   Cell: _____
Email: _____   Email: _____
Role: _____   Role: _____

Name: _____   Name: _____
Cell: _____   Cell: _____
Email: _____   Email: _____
Role: _____   Role: _____

Name: _____   Name: _____
Cell: _____   Cell: _____
Email: _____   Email: _____
Role: _____   Role: _____

Name: _____   Name: _____
Cell: _____   Cell: _____
Email: _____   Email: _____
Role: _____   Role: _____

Bridal Party Contact List

Name: _____   Name: _____
Cell: _____   Cell: _____
Email: _____   Email: _____
Role: _____   Role: _____

Name: _____   Name: _____
Cell: _____   Cell: _____
Email: _____   Email: _____
Role: _____   Role: _____

Name: _____   Name: _____
Cell: _____   Cell: _____
Email: _____   Email: _____
Role: _____   Role: _____

Name: _____   Name: _____
Cell: _____   Cell: _____
Email: _____   Email: _____
Role: _____   Role: _____

Bridal Party Contact List

Name:

Cell:

Email:

Role:

Name:

Cell:

Email:

Role:

Name:

Cell:

Email:

Role:

Name:

Cell:

Email:

Role:

Name:

Cell:

Email:

Role:

Name:

Cell:

Email:

Role:

Name:

Cell:

Email:

Role:

Name:

Cell:

Email:

Role:

Bridal Party Contact List

Name: _____ Name: _____

Cell: _____ Cell: _____

Email: _____ Email: _____

Role: _____ Role: _____

Name: _____ Name: _____

Cell: _____ Cell: _____

Email: _____ Email: _____

Role: _____ Role: _____

Name: _____ Name: _____

Cell: _____ Cell: _____

Email: _____ Email: _____

Role: _____ Role: _____

Name: _____ Name: _____

Cell: _____ Cell: _____

Email: _____ Email: _____

Role: _____ Role: _____

Bridal Party Contact List

Name: _____   Name: _____

Cell: _____   Cell: _____

Email: _____   Email: _____

Role: _____   Role: _____

Name: _____   Name: _____

Cell: _____   Cell: _____

Email: _____   Email: _____

Role: _____   Role: _____

Name: _____   Name: _____

Cell: _____   Cell: _____

Email: _____   Email: _____

Role: _____   Role: _____

Name: _____   Name: _____

Cell: _____   Cell: _____

Email: _____   Email: _____

Role: _____   Role: _____

Bridal Party Contact List

Name:

Cell:

Email:

Role:

Name:

Cell:

Email:

Role:

Name:

Cell:

Email:

Role:

Name:

Cell:

Email:

Role:

Name:

Cell:

Email:

Role:

Name:

Cell:

Email:

Role:

Name:

Cell:

Email:

Role:

Name:

Cell:

Email:

Role:

Bridal Party Contact List

Name:

Cell:

Email:

Role:

Name:

Cell:

Email:

Role:

Name:

Cell:

Email:

Role:

Name:

Cell:

Email:

Role:

Name:

Cell:

Email:

Role:

Name:

Cell:

Email:

Role:

Name:

Cell:

Email:

Role:

Name:

Cell:

Email:

Role:

Bridal Party Contact List

Name:

Cell:

Email:

Role:

Name:

Cell:

Email:

Role:

Name:

Cell:

Email:

Role:

Name:

Cell:

Email:

Role:

Name:

Cell:

Email:

Role:

Name:

Cell:

Email:

Role:

Name:

Cell:

Email:

Role:

Name:

Cell:

Email:

Role:

Bridal Party Contact List

Name: _____   Name: _____

Cell: _____   Cell: _____

Email: _____   Email: _____

Role: _____   Role: _____

Name: _____   Name: _____

Cell: _____   Cell: _____

Email: _____   Email: _____

Role: _____   Role: _____

Name: _____   Name: _____

Cell: _____   Cell: _____

Email: _____   Email: _____

Role: _____   Role: _____

Name: _____   Name: _____

Cell: _____   Cell: _____

Email: _____   Email: _____

Role: _____   Role: _____

Bridal Party Contact List

Name:

Cell:

Email:

Role:

Name:

Cell:

Email:

Role:

Name:

Cell:

Email:

Role:

Name:

Cell:

Email:

Role:

Name:

Cell:

Email:

Role:

Name:

Cell:

Email:

Role:

Name:

Cell:

Email:

Role:

Name:

Cell:

Email:

Role:

Bridal Party Contact List

Name:

Cell:

Email:

Role:

Name:

Cell:

Email:

Role:

Name:

Cell:

Email:

Role:

Name:

Cell:

Email:

Role:

Name:

Cell:

Email:

Role:

Name:

Cell:

Email:

Role:

Name:

Cell:

Email:

Role:

Name:

Cell:

Email:

Role:

Bridal Party Contact List

Name: _____   Name: _____

Cell: _____   Cell: _____

Email: _____   Email: _____

Role: _____   Role: _____

Name: _____   Name: _____

Cell: _____   Cell: _____

Email: _____   Email: _____

Role: _____   Role: _____

Name: _____   Name: _____

Cell: _____   Cell: _____

Email: _____   Email: _____

Role: _____   Role: _____

Name: _____   Name: _____

Cell: _____   Cell: _____

Email: _____   Email: _____

Role: _____   Role: _____

Bridal Party Contact List

Name: _____   Name: _____

Cell: _____   Cell: _____

Email: _____   Email: _____

Role: _____   Role: _____

Name: _____   Name: _____

Cell: _____   Cell: _____

Email: _____   Email: _____

Role: _____   Role: _____

Name: _____   Name: _____

Cell: _____   Cell: _____

Email: _____   Email: _____

Role: _____   Role: _____

Name: _____   Name: _____

Cell: _____   Cell: _____

Email: _____   Email: _____

Role: _____   Role: _____

Bridal Party Contact List

Name: _____   Name: _____

Cell: _____   Cell: _____

Email: _____   Email: _____

Role: _____   Role: _____

Name: _____   Name: _____

Cell: _____   Cell: _____

Email: _____   Email: _____

Role: _____   Role: _____

Name: _____   Name: _____

Cell: _____   Cell: _____

Email: _____   Email: _____

Role: _____   Role: _____

Name: _____   Name: _____

Cell: _____   Cell: _____

Email: _____   Email: _____

Role: _____   Role: _____

Bridal Party Contact List

Name: _____
Cell: _____
Email: _____
Role: _____

Name: _____
Cell: _____
Email: _____
Role: _____

Name: _____
Cell: _____
Email: _____
Role: _____

Name: _____
Cell: _____
Email: _____
Role: _____

Name: _____
Cell: _____
Email: _____
Role: _____

Name: _____
Cell: _____
Email: _____
Role: _____

Name: _____
Cell: _____
Email: _____
Role: _____

Name: _____
Cell: _____
Email: _____
Role: _____

Bridal Party Contact List

Name:

Cell:

Email:

Role:

Name:

Cell:

Email:

Role:

Name:

Cell:

Email:

Role:

Name:

Cell:

Email:

Role:

Name:

Cell:

Email:

Role:

Name:

Cell:

Email:

Role:

Name:

Cell:

Email:

Role:

Name:

Cell:

Email:

Role:

Bridal Party Contact List

Name:

Cell:

Email:

Role:

Name:

Cell:

Email:

Role:

Name:

Cell:

Email:

Role:

Name:

Cell:

Email:

Role:

Name:

Cell:

Email:

Role:

Name:

Cell:

Email:

Role:

Name:

Cell:

Email:

Role:

Name:

Cell:

Email:

Role:

Bridal Party Contact List

Name: _____
Cell: _____
Email: _____
Role: _____

Name: _____
Cell: _____
Email: _____
Role: _____

Name: _____
Cell: _____
Email: _____
Role: _____

Name: _____
Cell: _____
Email: _____
Role: _____

Name: _____
Cell: _____
Email: _____
Role: _____

Name: _____
Cell: _____
Email: _____
Role: _____

Name: _____
Cell: _____
Email: _____
Role: _____

Name: _____
Cell: _____
Email: _____
Role: _____

Bridal Party Contact List

Name:

Cell:

Email:

Role:

Name:

Cell:

Email:

Role:

Name:

Cell:

Email:

Role:

Name:

Cell:

Email:

Role:

Name:

Cell:

Email:

Role:

Name:

Cell:

Email:

Role:

Name:

Cell:

Email:

Role:

Name:

Cell:

Email:

Role:

Bridal Party Contact List

Name:

Cell:

Email:

Role:

Name:

Cell:

Email:

Role:

Name:

Cell:

Email:

Role:

Name:

Cell:

Email:

Role:

Name:

Cell:

Email:

Role:

Name:

Cell:

Email:

Role:

Name:

Cell:

Email:

Role:

Name:

Cell:

Email:

Role:

Bridal Party Contact List

Name: _____   Name: _____

Cell: _____   Cell: _____

Email: _____   Email: _____

Role: _____   Role: _____

Name: _____   Name: _____

Cell: _____   Cell: _____

Email: _____   Email: _____

Role: _____   Role: _____

Name: _____   Name: _____

Cell: _____   Cell: _____

Email: _____   Email: _____

Role: _____   Role: _____

Name: _____   Name: _____

Cell: _____   Cell: _____

Email: _____   Email: _____

Role: _____   Role: _____

Bridal Party Contact List

Name: _____   Name: _____

Cell: _____   Cell: _____

Email: _____   Email: _____

Role: _____   Role: _____

Name: _____   Name: _____

Cell: _____   Cell: _____

Email: _____   Email: _____

Role: _____   Role: _____

Name: _____   Name: _____

Cell: _____   Cell: _____

Email: _____   Email: _____

Role: _____   Role: _____

Name: _____   Name: _____

Cell: _____   Cell: _____

Email: _____   Email: _____

Role: _____   Role: _____

Bridal Party Contact List

Name:

Cell:

Email:

Role:

Name:

Cell:

Email:

Role:

Name:

Cell:

Email:

Role:

Name:

Cell:

Email:

Role:

Name:

Cell:

Email:

Role:

Name:

Cell:

Email:

Role:

Name:

Cell:

Email:

Role:

Name:

Cell:

Email:

Role:

Bridal Party Contact List

Name:

Cell:

Email:

Role:

Name:

Cell:

Email:

Role:

Name:

Cell:

Email:

Role:

Name:

Cell:

Email:

Role:

Name:

Cell:

Email:

Role:

Name:

Cell:

Email:

Role:

Name:

Cell:

Email:

Role:

Name:

Cell:

Email:

Role:

Bridal Party Contact List

Name: _____   Name: _____

Cell: _____   Cell: _____

Email: _____   Email: _____

Role: _____   Role: _____

Name: _____   Name: _____

Cell: _____   Cell: _____

Email: _____   Email: _____

Role: _____   Role: _____

Name: _____   Name: _____

Cell: _____   Cell: _____

Email: _____   Email: _____

Role: _____   Role: _____

Name: _____   Name: _____

Cell: _____   Cell: _____

Email: _____   Email: _____

Role: _____   Role: _____

Bridal Party Contact List

Name: _____
Cell: _____
Email: _____
Role: _____

Name: _____
Cell: _____
Email: _____
Role: _____

Name: _____
Cell: _____
Email: _____
Role: _____

Name: _____
Cell: _____
Email: _____
Role: _____

Name: _____
Cell: _____
Email: _____
Role: _____

Name: _____
Cell: _____
Email: _____
Role: _____

Name: _____
Cell: _____
Email: _____
Role: _____

Name: _____
Cell: _____
Email: _____
Role: _____

Bridal Party Contact List

Name: _____   Name: _____

Cell: _____   Cell: _____

Email: _____   Email: _____

Role: _____   Role: _____

Name: _____   Name: _____

Cell: _____   Cell: _____

Email: _____   Email: _____

Role: _____   Role: _____

Name: _____   Name: _____

Cell: _____   Cell: _____

Email: _____   Email: _____

Role: _____   Role: _____

Name: _____   Name: _____

Cell: _____   Cell: _____

Email: _____   Email: _____

Role: _____   Role: _____

Vendor Contact List

Vendor:

Contact:

Email:

Phone:

Notes:

Vendor:

Contact:

Email:

Phone:

Notes:

Vendor:

Contact:

Email:

Phone:

Notes:

Vendor Contact List

Vendor:

Contact:

Email:

Phone:

Notes:

Vendor:

Contact:

Email:

Phone:

Notes:

Vendor:

Contact:

Email:

Phone:

Notes:

Vendor Contact List

Vendor:

Contact:

Email:

Phone:

Notes:

Vendor:

Contact:

Email:

Phone:

Notes:

Vendor:

Contact:

Email:

Phone:

Notes:

Vendor Contact List

Vendor:

Contact:

Email:

Phone:

Notes:

Vendor:

Contact:

Email:

Phone:

Notes:

Vendor:

Contact:

Email:

Phone:

Notes:

Vendor Contact List

Vendor:

Contact:

Email:

Phone:

Notes:

Vendor:

Contact:

Email:

Phone:

Notes:

Vendor:

Contact:

Email:

Phone:

Notes:

Vendor Contact List

Vendor:
_____

Contact:
_____

Email:
_____

Phone:
_____

Notes:
_____

_____

Vendor:
_____

Contact:
_____

Email:
_____

Phone:
_____

Notes:
_____

_____

Vendor:
_____

Contact:
_____

Email:
_____

Phone:
_____

Notes:
_____

Vendor Contact List

Vendor:

Contact:

Email:

Phone:

Notes:

Vendor:

Contact:

Email:

Phone:

Notes:

Vendor:

Contact:

Email:

Phone:

Notes:

Vendor Contact List

Vendor:
_____

Contact:
_____

Email:
_____

Phone:
_____

Notes:
_____

_____

Vendor:
_____

Contact:
_____

Email:
_____

Phone:
_____

Notes:
_____

_____

Vendor:
_____

Contact:
_____

Email:
_____

Phone:
_____

Notes:
_____

_____

Vendor Contact List

Vendor:

Contact:

Email:

Phone:

Notes:

Vendor:

Contact:

Email:

Phone:

Notes:

Vendor:

Contact:

Email:

Phone:

Notes:

Vendor Contact List

Vendor:

Contact:

Email:

Phone:

Notes:

Vendor:

Contact:

Email:

Phone:

Notes:

Vendor:

Contact:

Email:

Phone:

Notes:

Notes/Ideas

I will be immensely grateful if you post a Reader Review on the book's product page at the online bookstore where you purchased it.

Honest reviews help people find the right book for their needs.